Causeries 1948

1948 年谈话录

Œuvres Choisies

de la Pensée et de la Culture

Françaises Contemporaines

当代法国思想文化译丛

杜小真　高丙中 主编

Maurice Merleau-Ponty

Causeries 1948

当代法国思想文化译丛

1948 年谈话录

[法] 梅洛-庞蒂 著

郑天喆 译

商务印书馆
The Commercial Press
创于1897

Maurice Merleau-Ponty

Causeries 1948

本书根据 Seuil 出版社 2002 年版译出

本书为国家社会科学基金项目

“梅洛-庞蒂的世界概念研究”[项目编号:13CZX056]

的阶段性成果;受到法国国家

图书中心“译者奖学金”的资助

当代法国思想文化译丛

出版说明

法国思想文化对世界影响极大。笛卡尔的理性主义、孟德斯鸠法的思想、卢梭的政治理论是建构西方现代思想、政治文化的重要支柱；福科、德里达、德勒兹等人的学说为后现代思想、政治文化奠定了基础。其变古之道，使人心、社会划然一新。我馆引进西学，开启民智，向来重视移译法国思想文化著作。1906 年出版严复译孟德斯鸠《法意》开风气之先，1918 年编印《尚志学会丛书》多有辑录。其后新作迭出，百年所译，蔚为大观，对中国思想文化的建设裨益良多。我馆过去所译法国著作以古典为重，多以单行本印行。为便于学术界全面了解法国思想文化，现编纂这套《当代法国思想文化译丛》，系统移译当代法国思想家的主要著作。立场观点，不囿于一派，但凡有助于思想文化建设的著作，无论是现代性的，还是后现代性的，都予列选；学科领域，不限一门，诸如哲学、政治学、史学、宗教学、社会学、人类学，兼收并蓄。希望学术界鼎力襄助，以使本套丛书日臻完善。

商务印书馆编辑部

2000 年 12 月

目　　录

告读者

莫里斯·梅洛-庞蒂的这七篇“谈话”是为了电台广播而撰写 9
的，1948年由他本人朗读。根据法国广播局的固定节目单，其中六篇谈话从1948年10月9日到11月13日的每周六在国家频道播出。这些谈话由“法国文化时间”节目录制，其朗读没有受到任何外界干扰。谈话的录音保存在法国国立视听资料馆。

周六广播节目的一般主题是“思想的形成”。莫里斯·梅洛-庞蒂的谈话与乔治·达维（原始人心理学）、埃马纽埃尔·穆尼耶（性格心理学）、马克西姆·莱涅尔-拉瓦斯蒂纳（精神分析）和法兰西科学院院士埃米尔·昂里奥（文学中的心理学主题）的谈话同日播出。根据法国国立视听资料馆的档案，似乎没有保留参与者所作的序言、介绍和每个节目的详细主题。

梅洛-庞蒂认为这些谈话整体是一个系列，他安排了各部分
的次序和标题：I. 知觉世界与科学世界；II. 探索知觉世界：空间； 10
III. 探索知觉世界：感觉事物；IV. 探索知觉世界：动物性；V. 从外部看到的人；VI. 艺术与知觉世界；VII. 古典世界与现代世界。

目前的这个版本是遵从莫里斯·梅洛-庞蒂的手写提纲、根据打印稿形成的。这些（私人收藏的）文件包含有一些亲笔的修正。

录音大致符合梅洛－庞蒂对自己文稿的忠实朗读。这位哲学家有时删去一些文字，加上另一些，修改一串文字，换个词或改动部分句子。大部分的表达差异我们在注释中说明了。录制时的改动在注释中由字母表示。而参考资料的注释说明由阿拉伯数字表示。我们力求重新找到梅洛－庞蒂及其同代人能够查阅到的版本。这些搜索工作让我们发现梅洛－庞蒂对于最新的成果及出版物有着密切的关注。参考资料收集在本书最后的参考文献中。至于插图，我们选择了谈话中所提及的艺术家们的三件作品。

我们特别感谢视听资料馆中帮助我们进行了此谈话录广播相关资料研究的人们。

斯蒂芬·梅纳塞

第一章　知觉世界与科学世界

11 知觉世界，由感官和生命阅历揭示给我们的世界，乍看起来似乎再熟悉不过，因为不需要工具或计算就可以通达，因为表面上看我们只要睁开双眼放任自由就可以交融其中。然而这只是一种假象。我将在这些谈话中展示，只要我们停留于实用或功利的态度，这个世界就在很大程度上被忽略了，我们需要很多时间、努力和耕耘来揭示它，而现代艺术和思想（50 年或 70 年以来的艺术和思想）的功绩之一正是使我们重新发现这个我们生活于其中、却总恨不得忘记的世界。

法国的情况尤其如此。我们承认科学及科学知识的价值，一股脑儿贬低了关于世界的全部实际经验，这不仅是法国哲学的特征，也是我们语焉不详地称为法国精神的特征。如果我想知道什
12 么是光，我该去问的难道不是物理学家？难道不是他告诉我，光究竟如人们一度认为的那样是一种炽热弹的爆炸*，是一种以太的振动，还是如新近理论认为的那样，是一种类似电磁振荡的现象？既然我们知觉所获得的色彩、光泽及其背后的事物显而易见只是表象，既然只有学者的系统知识、测量和实验才能使我们摆脱感官产生的幻象、接近事物的真实本性，那么诉诸感官、耽于这些表象有什么用呢？知识的进展恰恰在于忘记感官所告诉我们的，我们

---

* 录音为：“炽热微粒的爆炸”。

天真地依赖它们，可是即使不算生理科学已经考虑到的人类组织特殊性，比如对近视或老花错觉的解释[*]，它们在世界的真实图景中也毫无地位。真实的世界不是眼睛所给予我的光线、色彩和形体，而是科学所告诉我的、它在感觉幻象背后发现的波和粒子。

笛卡尔甚至说过，只要对感觉事物进行审查，无需求助学者的
研究成果就能发现感官的欺骗并学会只信任理智[**][①]。我说我看 13
见一块蜡。但是确切地说这块蜡是什么呢？当然不是发白的颜色，不是它可能还保留的花香味，不是我手指触到的柔软，不是掉在地上发出的闷响。所有这些都不是这块蜡的构成成分，因为它可以失去全部这些属性而不停止其存在，例如如果我熔化它，它变形为无色液体，不再有宜人的气味，也不再抵抗我的手指。然而我说的同一块蜡还在那里。那么这应该如何理解呢？经历了状态的改变而保留下来的东西，仅仅是一个没有性质的物质碎片，勉强是一种占据空间、接受不同形式的能力，但其所占据的空间和接受的形式都是不确定的。这就是蜡的实在和永恒的核心。然而蜡的实在性显然不为单纯的感官所揭示，因为感官提供的是具有确定大小和形式的对象。真实的蜡并不是被眼睛看到的[***]。我们只能通过理智来构想它。如果我相信用双眼看到了蜡，也只不过是通过

---

* 在录音中，“即使不算……”这部分句子被删去。

** 录音为：“笛卡尔甚至说过，只要检查感觉事物，无需求助学者的研究成果，就使得我发现感官的欺骗并教会我只信任理智。”

① 笛卡尔：《形而上学沉思集》，“第二沉思”，选自 A. T. 版《笛卡尔全集》，第 9 卷，巴黎，Cerf 出版社，1904 年，再版于巴黎，Vrin 出版社，1996 年，第 23 页及以下；选自《笛卡尔著作及书信集》，巴黎，Gallimard 出版社，七星丛书，1937 年，再版于 1953 年，第 279 页及以下。

*** 录音为：“笛卡尔说，因此真实的蜡并不是被眼睛看到的。”

14 感官所揭示的属性来思考作为诸属性共同源泉的蜡，而蜡本身赤裸不具属性。因此，知觉只是尚处于混乱的科学的开端——这种观念对笛卡尔如此，在法国的哲学传统[*]中也长期处于至高无上的地位：知觉与科学的关系是表象与实在的关系，我们的尊严在于信赖理智，只有它会为我们揭示世界的真理。

我刚才说过，现代思想和艺术恢复了知觉和知觉世界，这当然不是说它们否定科学要么作为技术发展的工具、要么作为精确性和真理性学说的价值。科学曾经是并且至今仍是去证实、仔细研究、批判自身及固有偏见所必须求助的。在科学尚未存在的时代我们就已经对它寄以厚望，这是好的。但现代思想对科学提出的问题，不是质疑其存在，或是为其限定任何领域，而是要知道科学是否提供或将要提供一种关于世界的完整的、自足的、某种意义上封闭于自身的表象，以至于[**]在此之外我们不再有任何值得提问的问题。问题不是否定或限制科学，而是要知道，在那些进行测量和比较、根据诸如经典物理之类的定律联结条件和结果并做出结
15 论的科学研究之外，科学是否有权否定和排除所有其它研究并将之斥为幻相。这个问题不仅不是对科学表示敌意，而且就连科学自身，在新近的发展中也促使我们提出这个问题并邀请我们做出否定的回答。

这是因为，自从 19 世纪末以来，科学家们不再习惯地把定律和理论当作大自然所发生之事的精确图像，而是把它们当作总是

[*] 录音为："法国哲学传统"。
[**] 录音为："在某种意义上"。

比自然事件更简单、并注定在更细致的研究中得到修正的图式，即把它们当作近似的知识。科学把经验提供的事实提交分析，我们无法期待这种分析的终止，因为观察无止境，可以想象它总是比某个特定时刻更为完善或精确。具体事物、感觉事物给科学指派的任务是不停地去解释，因此人们不可能按照古典的方式把它当作一种注定为科学理智所超越的简单表象。知觉事实和更一般意义上的世界历史事件不可能由一些构成宇宙永恒图景的定律推演出来；相反，定律是物理事件的近似表达，并使其继续晦暗不明。今天的科学家不再像古典时期的科学家那样幻想通向事物的核心和 16
对象本身，在这一点上，相对论物理学指出*每个观察活动与观察者的立场和处境紧密相联不可分割，拒斥**绝对观察者的观念，断定绝对终极对象性是南柯一梦。我们在科学中无法自鸣得意，以为可以借助纯粹而无所在的理智的练习来达到一种不受任何人类痕迹所污染的对象，就像上帝所见的对象那样。这并不是要剥夺科学研究的必要性，而只是反对一种自以为能通达绝对和知晓一切的科学的独断论。这只是为所有人类经验因素平反，尤其是为我们的感知活动平反。

在科学和科学哲学如此为知觉世界的探索敞开大门时，绘画、诗歌与哲学坚决地进入了***这个它们曾如此熟悉的领域，给予我们事物、空间、动物，甚至是从外部看到的人，使得我们的知觉场中

---

* 录音为：“它向我们指出[……]”。

** 录音为：“它放弃”。

*** 录音为：“在科学与科学哲学如此为知觉世界的探索敞开大门时，绘画、诗歌与哲学正巧坚决地进入了”。

出现了一种全新的具有时代特征的视角。在接下来的谈话中，我将介绍一些相关研究成果。

第二章　探索知觉世界:空间

17 我们常注意到，现代思想和艺术令人费解：比起普桑或夏尔丹来，毕加索更难以令人理解和喜爱，比起马里沃或司汤达来，纪罗杜或马尔罗更难以令人理解和喜爱。因此人们有时会得出结论（正如邦达先生在《拜占庭式的法国》[1]中表述的那样），现代作家是一些拜占庭人，是令人费解的，只因为他们没什么可说的，只是用微妙来代替艺术而已。没有比这个判断更盲目了。现代思想之所以令人费解，与常识背道而驰，因为它关心真理，老实说，经验使它无法再固守常识为了安心而执着的那些清晰或简单的观念。

今天我想从现代思想以经验名义对最简单概念的模糊、对经典概念的修正中找一个所有观念中首先显得最为清晰的观念例
18 子：空间观念。经典科学建立在空间和物理世界的清晰区分上。空间是同质的环境，物体按照三维分布其中，即使处所改变也保持同一性。诚然有些情况下，如果移动一个对象，我们会看见它的性质改变，例如，如果我们将它由两极运到赤道，它的重量会改变，又或者如果温度增加，固体会发生形变。然而公正地说这些性质改变并不能归因于位移本身，空间在两极和赤道都是一样的，是此处与彼处的物理条件温度有所不同，几何学领域严格区别于物理学

---

① 于连·邦达：《拜占庭式的法国或纯粹文学的凯旋，马拉美、纪德、瓦莱里、阿兰、纪罗杜、苏亚雷斯、超现实主义者，关于文学家原初心理学的随笔》，巴黎，Gallimard出版社，1945年；再版，巴黎，UGE出版社，10/18丛书，1970年。

领域,世界的形式与内容并不相互混淆。若非是要遵循可变的物理条件,对象的几何性质在位移中将会保持一致。这就是古典科学的预设。随着所谓非欧几里德几何学兴起,一切都改变了,人们终于认识到空间固有的弯曲:物体由于位移而发生变化,空间各部分及其维度是异质性的——它们不再能够彼此替换,而且影响到在其中位移的物体发生变化。在我们的世界中,保持同一的部分和变化的部分不再泾渭分明、遵从不同原理。对象不能与自身保持绝对的同一,其形式和内容是混乱杂合的,这个世界不再提供欧 19
几里德同质空间的硬框架。不再可能严格区分空间与空间中的事物,区分空间的纯粹观念与我们感官所给予的具体图景。

现代绘画的探索与科学探索惊人地一致。古典教育区分了线条和色彩[*]:我们勾勒出对象的空间框架,然后填上色彩。塞尚的观点正好相反,他说:"随着色彩涂抹,我们勾勒出线条"[①]——意思是,无论在知觉世界,或是在对知觉世界做出表达的绘画上[**],对象的轮廓形状与色彩的中断或改变、与色调的变化并没有严格的区别,色彩变化包含一切:对象的形状、固有色彩、样貌、与邻近对象的关系。塞尚想借助色彩的布局,像大自然在我们眼前所做的那样来生成对象的轮廓和形状。因此,他以无限的耐心研究苹果的色彩质地,他所画的苹果最终变得膨胀,绽出审慎的线条所规

---

* 录音为:"在绘画上,古典教育区分了线条和色彩"。

① 埃米尔·贝尔纳:《回忆保罗·塞尚》,巴黎,À la rénovation esthétique 出版社,1921 年,第 39 页;若阿基姆·加斯凯在《塞尚》中重新引用,巴黎,Bernheim-Jeune 出版社,1926 年;再版,格勒诺布尔,Cynara 出版社,1988 年,第 204 页。

** 录音为:"绘画中"。

定的边界。

在这种重新寻回世界、以便我们能在活的经验中把握它的努力下，古典艺术的所有谨慎烟消云散。古典绘画教育建立在透视
20 法的基础上，也就是说，画家面对一幅风景，决定只将他所见之物的习惯表象移到画布上。他看身旁的树，然后注视更远处的马路，最终望向地平线，根据关注点变化，其它对象的视大小每次都在改变。他在画布上妥善安排，也只是体现出这些不同视角之间的折衷，他努力寻找所有这些知觉的共同点，不是把画家注视对象时对象所呈现的大小、色彩和外观，而是把一种习惯的大小和外观赋予每个对象：它们呈现给注视地平线上某个没影点的目光——所有风景线从此由画家的位置奔向地平线，向这个没影点汇聚。如此画出的风景由于为一种凝视无限的目光所统摄，因而具有平静、得体、毕恭毕敬的外观。风景在远处，观看者并没有被包含于其中，风景是彬彬有礼的，* 目光流畅自如地滑到一处风景上，没有任何粗糙不平的东西阻止它至高无上的流畅自如。然而，世界并非如此地在我们与它的知觉接触中呈现给我们。我们的目光进行观看之旅的每个时刻，都各服从一个特定视角，对于风景的一个特定部
21 分而言，这些连续的瞬间都是不可重叠的。画家只有打断这种自然的视觉模式，才能对这些视角系列进行统摄，从中提取出唯一的永恒的风景：他往往闭起一只眼，用铅笔度量一处细节的视大小，以这种方式进行修正，使那些瞬间的视角服从分析的视角，以此在画布上建构起一种风景表象，它不符合任何自由视角，控制了它们

* 录音为："我们可以说，它们是彬彬有礼的"。

动荡起伏的铺展,压抑了它们的颤动和生命。如果说自塞尚以来的很多画家都拒绝服从几何透视法,那是因为他们想重新把握和恢复我们眼前风景的诞生本身,因为他们不满足一种分析的记录,希望重返知觉经验的风格本身。因而他们画面的不同部分是从不同视角看到的,给漫不经心的观看者以"透视错误"的印象,然而专注的观看者则获得了这样一种对世界的感觉:从来没有两个对象同时被看到,空间的部分之间总是介入了必要的拖延,以便我们的目光能从一个地方转向另一个地方,因而存在不是给定的,而是通过时间显现和流露出来的。

因此空间不再是一个与所有物体都等距离的、无视角、无身体、无空间处境的——一言以蔽之,纯粹理智的——绝对观察者所能够统摄的那些同时性物体的场所;让·波杨最近说道:现代绘画 22
的空间是我们自己也置身其中的"用心感受的空间"[①],它接近我们,与我们有机地相连。波杨还说道:"在投身于技术手段并为数量所吞噬的时代里,立体主义画家可能以他的方式,在一个关注我们的心灵、而不是理智的空间里,庆祝世界与人类的某种隐秘联姻与和解。"[②]

继科学和绘画之后,哲学,尤其是心理学似乎也觉察到我们与空间的关系不再是脱离肉体的纯粹主体与遥远对象的关系,而是

---

① "现代绘画或用心感受的空间",载《圆桌》,1948年2月第2期,第280页;"用心感受的空间",这个表达在这篇文章为了发表在《立体主义绘画》上而修改后的版本中被重新引用,1953年,巴黎,Gallimard出版社,"Folio essais"丛书,1990年,第174页。

② 《圆桌》,同上,第280页。

居住在空间中的人与其熟悉环境的关系。例如，马勒伯朗士所研究的著名视错觉现象：月亮刚升起还处于地平线时与到达天顶时相比要大很多。① 马勒伯朗士猜想是人类知觉根据某种推理高估了星体的大小：如果我们通过一个纸筒或火柴盒来看它，错觉就会消失。因为当月亮升起时，它越过田野、围墙、树木呈现给我们，大
23 量物体介于我们和月亮之间，使我们感觉到与它的遥远距离，于是我们得出结论，在如此遥远的情况下，为了保持它的视大小，它应该是非常大的。在这里，进行知觉的主体好比进行判断、评估和总结的学者，所知觉到的大小实际上是通过判断得到的。今天的大部分心理学家不是这么理解地平线的月亮错觉。他们通过系统的实验发现，水平面上视大小显著的恒常性是我们知觉场的一个普遍属性，相反，垂直面上视大小随着距离增加而迅速减小，这也许因为水平面对于我们这些地球上的存在者而言是生命的位移所发生的平面，是我们活动上演的地方。因此，马勒伯朗士用纯粹理智活动去解释的，心理学家将之归于我们知觉场的自然属性，归于我们这样具有肉体、不得不在地球上运动的存在者。在心理学和几何学中，整个地被提供给无身体的理智的同质空间的概念，被具有优先方向性的、与我们身体的特殊性和被抛于世间的处境性相关的异质空间概念代替了。这里我们第一次碰到了这样的观念：人不是心灵**和**身体，而是**具有**身体的心灵，这种心灵之所以能通达事物的真理，只是因为它的身体处于事物之间。下一次谈话将展示，

① 马勒伯朗士：《真理研究》，第1卷第7章第5节，G. Lewis编，巴黎，Vrin出版社，1945年，第1卷，第39－40页；引自《全集》，巴黎，Gallimard出版社，七星丛书，1979年，第1卷，第70－71页。

不仅空间如此,而且在一般意义上,整个外部存在只有通过身体才 24
为我们所通达,它具有人的属性,从而也是心灵和身体的混合。

第三章　探索知觉世界:感觉事物

对空间进行考察之后，我们思考空间里的事物本身，心理学经 25
典教材会告诉我们，事物是提供给不同感官的、由理智综合活动所联结的性质的系统。例如，柠檬是两端突出的椭圆体，**加上**黄的颜色、新鲜的触感、酸的味道……然而，这种分析并不令人满意，因为我们不知道是什么把这些性质或属性彼此联结、使柠檬具有一个存在者的统一性——它的全部性质都只是这个统一存在者的不同表现。

只要我们把事物的不同性质（例如颜色、味道）当作分属视觉、嗅觉、触觉等截然不同的世界的材料，事物的统一性就始终是神秘莫测的。然而现代心理学在这一点上根据歌德的指示发现：各个
感官的性质绝非完全孤立，而是具有某种情感意义，与其它感官的 26
性质相呼应。例如，曾为寓所选过壁毯的人知道，每种颜色都散发着一种情绪氛围，使人忧伤或欢乐，沮丧或振作；声音或触觉材料也是如此，可以说每种颜色都相当于一种声音或温度。这就是为什么当我们描述颜色的时候，有些盲人会将之类比为声音。因此，只要我们将性质重新放回到赋予其某种情感意义的人类经验中，它与其它截然不同的性质的关系就变得可以理解了。在我们经验中甚至有许多性质，除去对我们身体所激发的反应，几乎没有任何意义。比如说蜂蜜。蜂蜜是流淌缓慢的液体，有些浓稠，任凭你握住，又偷偷从指间溜走，回到它自己中。它不仅在我们捏塑它时立

刻散开，还掉转角色，反过来握住想抓它的手。手活生生的，探索着，相信自己能统治对象，却发现被它吸住，被这个外来存在粘捕。萨特写道："一方面是，即便不再被要求也仍然极度顺从的被统治者、忠心耿耿的忠犬，另一方面是，在这种顺从下被统治者隐秘地
27 占有了统治者。"[①]像蜂蜜这样的性质——正是它使得能对人的行为进行象征化——只能通过它在肉身主体的自我和承载这种性质的外部对象之间建立的讨论而得到理解；对于这种性质，只有一种人性的定义。

这样来看，每种性质都向其它感官的性质敞开。蜂蜜是甜的。然而甜味——"去不掉的甜味，没完没了地保留在嘴里并在下咽之后还残留着"[②]——在味觉领域的黏性与蜂蜜在触觉领域中的黏性是一样的。说蜂蜜是黏的和说蜂蜜是甜的，这是谈论同一事物的两种方式，即事物与我们的某种关系，它建议或强加于我们的某种行为，它引诱、吸引、蛊惑与它相对峙的自由主体的某种方式。蜂蜜是世界朝向我的身体和我自己的某种行为。这使得蜂蜜所拥有的那些截然不同的性质在它那里不是简单并列，而是同一的，因为它们同样显示出蜂蜜的存在方式或行为方式。事物的统一性不是在每种性质背后，而是在每种性质那里一再得到肯定，每种性质都是整个事物。塞尚说过，我们应该能够画出树木的气味。[③] 同

① 让－保尔·萨特：《存在和虚无》，巴黎，Gallimard 出版社，1943 年；再版，"如此"丛书，1976 年，第 671 页。

② 同上。

③ 若阿基姆·加斯凯：《塞尚》，巴黎，Bernheim-Jeune 出版社，1926 年；再版，格勒诺布尔，Cynara 出版社，1988 年，第 133 页。

样，萨特在《存在与虚无》中写道，每种性质都是对象的“存在启示 28
者”[①]。他接下来说，“柠檬（的黄色）渗透了它的各种性质，它的每种性质渗透了其它性质。柠檬的酸味是黄色的，柠檬的黄色是酸的；我们吃进蛋糕的颜色，蛋糕的味道是向所谓饮食直觉揭示它形状和颜色的工具……泳池水的流动性、微温的温度、发蓝的颜色、起伏的动态这些性质是相互渗透一下子被给予的……”[②]

事物在我们面前并不是思考的简单中性对象；每个事物对我们来说都象征着某种行为，提醒我们这种行为，激起我们趋利避害的反应，这就是为什么一个人的品位、性格、对待世界和外部存在的态度在对象中相互联结——是他选择了这些对象在身边，有着他偏好的颜色，处在他的散步区域。克洛岱尔说，中国人用石头建
造花园，花园里干涸光秃。[③] 这种周围环境的矿化情况可以被理 29
解为拒绝富有生命力的潮湿而宁可死亡。同样，萦绕我们梦境的对象也是有意义的。我们与事物的关系并不疏远，每个事物都对着我们的身体和生命说话，它们被赋予了人类的性格（顺从的，温柔的，敌意的，反叛的），反过来，这些事物作为我们所喜好或嫌恶的行为的象征而活在我们中。人被投到事物中，事物被投到人中。

---

① 《存在和虚无》，“如此”丛书，第 665 页。

② 同上，第 227 页。

③ 保尔·克洛岱尔：《认识东方》（1895－1900），巴黎，Mercure de France 出版社，1907 年；1960 年再版，第 63 页：“正如一幅风景不是由草木和叶子颜色构成，而在于线条和地面起伏的和谐，中国人也严格地建造他们的花园，用的是石头。他们不是在绘画，而是在雕塑。石头可以根据不同的层次和角度抬升，具有深度、轮廓和凹凸，在他们看来比植物更加驯服和干净，只剩下装饰和点缀的自然作用，创造出人类风光。”

精神分析学家会说，事物是情结。这就是为什么塞尚说绘画制造了事物的某种"光晕"。[①]

我想援引当代诗人弗朗西斯·庞吉为例。萨特在对他的研究中写道：事物"长年居住在他里面，在他里面住满了，潜伏在他记忆深处，呈现在他里面……；他当下的努力更多的是为了捕捞深处这些攒动和繁荣兴盛的怪物，为了*描述*它们，为了在仔细观察后确定它们的性质。"[②]例如，水和所有其它元素的本质不在于可观察的
30 性质，而在于它们对我们所说的话。庞吉是这样说水的："它白而闪耀，不定形而清凉，消极而固守它仅有的癖好：重力；它有满足这种癖好的特殊方法：包围，穿透，侵蚀，渗漏。

在它自身内部，这种癖好也起了作用：它不断坍塌，时刻泯灭形状，只想服从，仰瘫在地上，几乎像尸体一样，像某些修会的僧侣……

我们几乎可以说水是疯狂的，因为它只服从重力这种像成见一样占据着它的歇斯底里的需要……

*液体*从定义上就喜欢服从重力，不保持形状，拒绝任何形状以便服从重力，由于这种成见，加上病态的严格，就什么也保持不了……

水的不安：对斜度的最小变化都很敏感；并腿跃下台阶；稚气而又顺从的玩童，我们才一放低斜面这头，它就立刻应召回来。"[③]

---

① 若阿基姆·加斯凯：《塞尚》，同前所引，第 205 页。

② 让-保尔·萨特：《人与物》，巴黎，Seghers 出版社，1947 年，第 10－11 页；重录于《境况 I》，巴黎，Gallimard 出版社，1948 年，第 227 页。

③ 弗朗西斯·庞吉：《物的选择》，巴黎，Gallimard 出版社，1942 年；再版于"诗歌"丛书，1967 年，第 61－63 页。

加斯东·巴什拉在系列著作中对所有元素都进行了这样的分析,挨个地讨论了气[1]、水[2]、火[3]和土[4],指出每种元素都是某类人的故乡,他梦境的主题,为生活指引方向的想象力偏好环境,使他 31
获得力量和幸福的自然圣事。所有这些研究都属于超现实主义的尝试,这种尝试三十年前就已经在我们周遭的对象中,尤其在我们有时强烈地癖好的失物中寻求“欲望的催化剂”,这“欲望的催化剂”正如安德烈·布雷东[5]所说的——是人类欲望显现出来或“形成结晶”的地方。

有一种较为普遍的倾向,承认* 人与事物之间不再是笛卡尔著名分析中至上的心灵与蜡块之间的疏远和统治的关系,而是一种不那么清晰的关系,一种眩晕的近似性,使我们无法把自己当作事物之外的纯粹心灵或把事物定义为没有人类属性的纯粹对象。到谈话录的最后,这个观点将有助于向我们展现出人在世界中的处境。

---

① 加斯东·巴什拉:《空气与遐想》,巴黎,José Corti 出版社,1943 年。

② 《水与梦》,巴黎,José Corti 出版社,1942 年。

③ 《火的精神分析》,巴黎,Gallimard 出版社,1938 年。

④ 《土与意愿的遐想》,巴黎,José Corti 出版社,1948 年;《土与静止的遐想》,巴黎,José Corti 出版社,1948 年。

⑤ 也许这里是指《疯狂的爱》,巴黎,Gallimard 出版社,1937 年;再版,1975 年。

* 录音为:“我们时代有一种较为普遍的倾向,承认[……]”。

第四章　探索知觉世界：动物性

我们在前三次谈话中，从古典科学、绘画和哲学到现代科学、 33
绘画和哲学，见证了知觉世界的觉醒。我们曾离开这个世界，确信
感官不能教给我们有价值的东西，唯有关于对象的严格知识才值
得保留。现在重新学会了看这个周遭世界，重新关注所处的空间，
这个空间只能从一个有限视角即我们的视角被看到，并且还是我
们的居所，我们保持与它的身体化关系，——在每个事物中我们都
重新发现了一种使事物成为人类行为镜像的存在风格——最终在
我们与事物之间建立起来的不再是具有统治性的思想与在它面前
展开的对象或空间的纯粹关系，而是拥有身体的有限存在与谜一
样世界之间的模糊关系，这个存在隐约看见世界，甚至不停出没于
其中，不过这总是通过一些既向他揭示这个世界、也向他遮蔽这个
世界的视角来进行的，总是通过所有事物在人的目光下具有的人 34
性面貌来进行的。[*]

然而，在这样转化后的世界中我们并不是绝无仅有的，这个世界甚至不仅向人类敞开，而且也向动物、儿童、原始人及疯子敞开，

---

* 这一谈话的开头在录音时被省略了。梅洛-庞蒂是这样开始的："我们在前几次谈话中说过，当我们随着现代思想回到知觉世界，我们看到，在人与物之间、具有统治性的思想与在它面前展开的对象或空间的纯粹关联消失了。我们看到，拥有身体的有限存在与谜一样的世界之间的模糊关系出现了，这个存在隐约看见世界，甚至不停出没于其中，不过这总是通过一些既向他揭示这个世界、也向他遮蔽这个世界的视角来进行的，总是通过所有事物在人的目光下具有的人性面貌来进行的。"

他们以自己方式生活在世上，也与世界共存。我们今天将看到，通过重新寻回知觉世界[*]，我们变得能够在生命或意识的这些极端或异常形式中发现更多的意义和趣味，以至于最终是世界和人本身的整体景象接受了一种新的意义。[**]

众所周知，古典思想并不重视动物、儿童、原始人或疯子。我们还记得笛卡尔把动物看作只是一堆齿轮、手柄和发条[1]，乃至只是一部机器；动物即使不是机器，在古典思想那里它也只是半成品
35 的人，许多昆虫学家在研究对象上投射人类生命的基本特征。由于同样的偏见，对儿童和病人的认识长期停留在初级阶段止步不前：医生或实验者向他们提出的问题是人的问题[***]，我们不是试图理解他们如何生活，而是衡量他们与表现正常的成人或健康人之间的距离。至于原始人，我们或者在他们那里寻求被文明人美化后的图像，或者相反，像伏尔泰的《风俗论》那样[2]，只是在他们的服饰和信仰中发现一套不可解释的奇谈怪论。这样古典思想似乎处于一种困境中：要么我们与之打交道的存在者类似一个人，可以通过类比赋予它一些通常能在健康的成人那里发现的特征；要么它只

---

[*] 录音为："这个世界也向动物、儿童、原始人及疯子敞开，他们像我们一样生活在世上，以自己方式与世界共存，我们今天将看到，通过重新寻回知觉世界[……]。"

[**] 朗读的时候，句子的最后部分"以至于最终是世界和人本身的整体景象接受了一种新的意义"被删去了。

[1] 《方法谈》，第五部分，A. T. 版全集，巴黎，Cerf 出版社，1902 年；再版，1996 年，巴黎，Vrin 出版社，第 6 卷，第 57 – 58 页；《笛卡尔著作及书信集》，巴黎，Gallimard 出版社，七星丛书，1937 年，再版 1953 年，第 164 页。

[***] 录音为："医生或实验者向他们提出的问题是健康人或成年人的问题"。

[2] 《论各民族的精神与风俗以及自查理曼至我们时代的历史》(1753，ed. augm. 1761 – 1763)。

不过是一种盲目的机制,活生生的混乱,无法发现其行为的意义。

为什么这么多古典思想家对动物、儿童、疯子和原始人漠不关心?* 因为他们相信有一种*完美的人*,他注定是笛卡尔[①]所说的自然的“主人和占有者”,原则上能够穿透事物的存在,构建一种最高 36
知识,解释包括物理自然现象、人类历史和社会现象在内的所有现象,分析它们的原因,最终在使儿童、原始人、疯子和动物远离真理的身体的某种偶性中发现他们的非正常性。** 古典思想有一种神权理性,要么把人的理性当作创世论理性的反映,要么即便在取消所有神学之后也往往假设人类理性与事物存在原则上是符合的。*** 这种观点认为,所谓不正常的人只具有满足心理学好奇心的价值,只在“正常”心理学和社会学的角落被降尊纡贵地给了一个位置。

然而正是这种断言或不如说是独断受到了更成熟的科学和反思的质疑。诚然,儿童、原始人、病人的世界,或在更强意义下—— 37
动物的世界,都不能像我们通过行为重构世界那样构建出连贯一致的系统,相反,健康文明的成年人的世界则是努力达到连贯一致的。然而关键是他不能*拥有*这种连贯一致,连贯一致性停留为他

---

* 录音时这一问句被删去。

① 《方法谈》,第六部分,A.T.版全集,同上,第 6 卷,第 62 页,1.7－8;《笛卡尔著作及书信集》,同上,第 168 页。

** 录音为:“因为古典思想相信有一种*完美的人*,他注定是笛卡尔所说的自然的‘主人和占有者’,原则上能够穿透事物的存在,构建一种最高知识,解释包括物理自然现象、人类历史和社会现象在内的所有现象,分析它们的原因,最终在使儿童、原始人、疯子和动物远离真理的身体或社会原因中发现他们的非正常性。”

*** 录音为:“要么即便在取消所有神学之后也不言而喻地继承其传统,假设人类理性与事物存在原则上是符合的。”

事实上永远无法达到的观念或限制，因此“正常人”不能封闭于自身，而是应当去关注理解不正常人，他难免会有不正常的时候。这要求他不能志得意满，要进行自我审查，在自身中不断重新发现各种错觉、梦幻、不可思议的行为、模糊的现象，这些东西在他的私人生活和公共生活中、在他与其他人的关系中肆意妄为，甚至在他对自然的认识中留下各种缝隙，使诗性得以渗透进来。正常的、文明的、成年人的思想比儿童的、病态的或野蛮的思想更有价值，但条件是这种思想不自命为神权思想，而总是更加诚实地与人类生命中的模糊和困难较量，不失去与这种生命的非理性根基的接触，最终理性认识到它的世界也是未完成的，不假装已经超越那些它仅仅遮蔽掉的东西，不把一种文明和认识当作不容置疑的，因为它最高的功能反而是进行质疑。[*]

38 现代艺术和思想正是以这种精神、带着新的兴趣重新思考[**]这些离我们最远的存在形式，因为这些形式揭示了这样一种运动：所有生命及我们自身都在努力塑造一种并非为我们的认知和行动而生的世界。古典理性主义没有在物质和理智之间留有[***]余地，认为有生命的存在者若非是有理智的，就是简单的机器，认为生命概念本身属于含混的观念，今天的心理学家反过来向我们展示了一种生命知觉，试图描述出其样态。去年卢汶大学的米绍特[****]在关于运动知觉①的一项有趣工作中展示了屏幕上的光线位移不容

* 录音为：“因为它本来的功能反而是进行讨论和质疑”。

** 录音为：“现代艺术和思想以这种精神[……]重新思考[……]”。

*** 录音为：“看到”。

**** 录音为：“例如，去年卢汶大学的米绍特[……]”。

① 阿尔伯特·米绍特：《因果性的知觉》，卢汶，心理学高等研究所，1947 年。

置疑地给予我们一种生命活动的印象。例如，两条竖直平行的线互相远离，然后当第一条线继续运动，而第二条线反向运动并相对于第一条线回到了起点位置，我们无法抗拒地产生了一种感觉，好像看到了一种爬行运动，尽管我们眼前的图形一点也不像毛虫，也不可能激发任何相关回忆。这里是运动的结构本身让人觉得像 39
“生命的”运动。我们观察到的线条位移在每一瞬间都像整体行动的一个环节，借助这种行动，某种存在者——我们在屏幕上看到了[*]它的幽灵——实现了它的空间交通。观察者相信在“爬行”中看到了一种潜在的物质，一种虚构的原生质从“身体”中心流淌到它在自己面前伸出的可动延伸部分。因此，无论机械论生物学可能说什么[**]，我们所生活着的世界无论如何也不仅仅由事物和空间构成，某些我们称为生命体的物质碎片在其周围、用其动作或行为描画出一种属于它们自身的事物面貌，只有当我们接受动物性的景观、与动物性共存、而不是轻率地拒绝承认其各种内在性，这种事物面貌才会向我们显现出来。

在一些20年前的老实验中，德国心理学家科勒尝试描述黑猩猩世界的结构[①]。他恰恰使人注意到，动物生命的独特之处不是人们向它提出一些不属于它自身的问题——正如许多经典实验所做的那样——就能显现的。当有待狗去解决的问题是开锁或搬弄 40
一个手柄[***]，它的行为也许显得荒谬和机械。这并不意味着动物在其自发的生命中、面对生命提出的问题时不是根据某种朴素的

---

* 录音为：“隐约看到”。

** 录音时这一插入句删去。

① 沃夫冈·科勒：《高等猴子的理智》，巴黎，Alcan出版社，1927年。

*** 在录音中，梅洛-庞蒂加道：“即，使用人类的工具”。

身体法则对待周围环境；不意味着动物不会把握并利用某些关联以达到某些结果；也不意味着动物不会以物种特有的方式处理环境的影响。

正因为动物是世界“构型”的中心，因为动物有行为，因为动物在不确定和不能够进行习得积累的行为摸索中[*]充分表现了当一个存在被抛于不得其解的世界中所做出的努力，因为也许这个存在令我们想起自己的失败和局限，所以动物生命在原始人和我们隐匿生命的梦幻中[**]发挥了巨大的作用[***]。弗洛伊德指出，原始
41 人的动物神话在每一代、每一个幼儿那里得到再现，孩子看见自己，看见父母及自己与父母的争吵——以动物的身份[****]，以至于在小汉斯的梦中①，马变成了如同原始人的神兽一样不吉和不容置疑的力量。巴什拉在关于作家洛特雷阿蒙②的研究中指出，在247 页的《马尔多罗之歌》中我们发现 185 种动物的名称。即使是克洛岱尔这样的诗人——作为基督徒他可能低估了所有非人的东

---

* 录音为：“因此动物是世界‘构型’的中心，动物有行为，在不确定和确实不能够进行习得积累的行为摸索中[……]”。

** 录音为：“在原始人的神话和我们隐匿生命的梦幻中”。

*** 在录音中，紧接着这一句，梅洛－庞蒂加道：“动物给予我们这种惊讶和冲击，它不进入人类世界，只是忍受之，然而向我们展示我们生命的标记，我们的生命这样被引入原初自然的深处，一下子失去了明证性和充分性。”

**** 录音为：“孩子看见自己，看见他的父母及自己与父母卷入的争吵——以动物的身份”。

① 西格蒙德·弗洛伊德：《精神分析五论》，“五岁小男孩的恐惧症分析”，法译者 M. 波拿巴特，《法国精神分析杂志》，第 2 卷，第 3 分册，1928 年；再版，巴黎，PUF，1954 年，第 93－198 页。

② 加斯东·巴什拉：《洛特雷阿蒙》，巴黎，José Corti 出版社，1939 年。

西——也在《约伯记》中找到灵感，要我们“询问动物”[1]。

他写道，“有幅日本版画描述了一群盲人围绕着一只大象。这个代表团，被委派来凭我们人类的能力搞清楚这个巨大的外来者是什么。第一个人抱着大象的腿说：‘这是一棵树。’‘是的，’第二个人说，他发现了大象的耳朵，‘还有叶子呢。’‘根本不是，’第三个人摸到大象的侧面，‘这是一堵墙！’‘是根绳子，’第四个人抓着尾巴喊道。‘是根管子，’第五个人反驳道，他摸到了长鼻……

这样，圣母，圣教堂，在这只神兽那里拥有了质量、步态和温厚 42
的性情，更不用说它口中伸出的纯象牙的双防御。我看见，四只象腿立于水中，宛若直从天降。象鼻汲水为整个巨大身躯丰盛地洗礼！”[2]

我们很想看看笛卡尔或马勒伯朗士读到这段文字[*]的样子，他们会重新认识被他们看作机器、承担着人类或超人类标记的这些动物。为动物恢复名誉，我们在下一次谈话将看到，意味着幽默和一种讽刺的人道主义，而他们远没有达到这一点[**]。

---

① 保尔·克洛岱尔：“询问动物”，载《费加罗文学杂志》，第 129 期，第 3 年，1948 年 10 月 9 日，第 1 页；收入“宗教图画集的几幅插图”，《诗集》中的《形象与寓言》，巴黎，Gallimard 出版社，七星丛书，1965 年，第 982－1000 页。

② 保尔·克洛岱尔：“询问动物”，载《费加罗文学杂志》，同上，第 1 页；“几个被遗忘的伙伴”，收入“宗教图画集的几幅插图”，《诗集》，如前所引，第 999 页。

* 录音为：“读到克洛岱尔的这段文字”。

** 录音为：“我们在下一次谈话将看到，为动物恢复名誉意味着幽默和一种讽刺的人道主义，而古典思想对于这些十分陌生”。

第五章　从外部看到的人

迄今为止我们已经试着通过知觉的眼睛去看空间、事物以及 43
栖居于这个世界的生命，却忘记了我们与它们亲密太久以至于认为它们是“自然而然的”，就它们向素朴经验所呈现的那样去接受它们。现在在人自身方面必须重新开始同样的尝试*。因为诚然，三千多年以来我们关于人的问题说了很多，但却往往是通过反思获得这些看法的。为了试图了解人是什么，哲学家笛卡尔严格地检查呈现给他的观念，例如心灵和身体的观念。他对这些观念进行提纯，去除所有模糊或混乱。大部分人将心灵理解为某种类
似精微物质的、或烟或气的东西，而笛卡尔，接着原始人的例子，很 44
好地指出了心灵与物质截然不同，它具有完全不同的本质，因为烟或气无论有多么精微，它们也按照自己方式属于某种事物，而心灵完全不是事物，它不居于空间，不像所有东西那样散布在一定广延中，而是密实不可分的，最终只是不可抑止地内敛和内聚、自我认识的存在**。于是我们得到心灵的纯粹概念和物质或事物的纯粹

* 文字的开头在录音时被修改：“迄今为止我们已经试着通过知觉的眼睛去看空间、事物以及栖居于这个世界的生命，却忘记了我们与它们亲密太久以至于认为它们是‘自然而然的’，就它们向素朴经验所呈现的那样去接受它们。现在在人自身方面必须重新开始同样的尝试。”

** 从“为了试图了解人是什么”到“最终只是不可抑止地内敛和内聚、自我认识的存在”这一段文字在录音时被删去。梅洛－庞蒂接下来说：“例如笛卡尔，从外部转回来，只是通过在他自身中发现心灵来达到清晰的自我确定，即一类不占据任何空间、不散布于事物、仅仅是关于自身的纯粹认知的存在”，然后他重新回到文本。

概念。但是显然，我只能在我自己之中感受和接触到这种纯粹心灵。其他人对我而言永远不是纯粹心灵：我只是通过他们的目光、动作、话语，总之通过他们的身体来认识他们。诚然，另一个人对我而言远不能还原为他的身体，这个身体由于各种意向而具有生命力，是我所记得的许多行动或意图的主体，它们为我刻画出他的精神面貌。然而我终究不能把一个人与他的体形、声调和口音分开。只要看他一下，我就能马上认出他来，而不是通过列举
45 经验和传闻对他的了解来认出他。其他人对于我们而言是萦绕于身体的一些心灵，身体是全部可能性的显现本身，似乎就包含在自身的全部表象中[*]。因此，考虑从外部看到的人，即作为他者的人，很可能引导我重新审查某些类似身心区分那样看似必要的区分。

那么让我们讨论一个例子，看看这些区分是什么[**]。假设我面前有个人出于某种原因对我极其愤怒。对方生气了，通过激烈的言语手势和喊叫等表达了他的愤怒。但是愤怒在哪儿呢？人们会这样回答：在对方的心灵中。这并不清楚，因为我在对方的目光中读到恶意和残酷，无法想象这种恶意和残酷可以与他的动作、言语和身体相分离。所有这些并不发生在世界之外，不发生在生气者身体之外的遥远圣地[***]。恰恰是在这里，在这个

---

* 从“诚然，另一个人”到“自身的全部表象中”这段文字在录音时被删去，只保留了“我不能把一个人与他的体形、声调和口音分开”，在此处重新回到文本。

** 这句话录音时被删去。

*** 录音为：“身体后面的遥远圣地”。

房间，在房间的这个位置爆发了愤怒，正是在他和我之间的空间
里展开了愤怒。我承认，也许随即泪水从他眼里流出，嘴角强作 46
欢笑，但愤怒并非发生在他的脸上*。不过愤怒终究萦绕于他，面红耳赤、满眼血丝、嗓音尖锐……如果我暂时退出局外旁观者视角，想起当我自己生气时愤怒所呈现的样子，我不得不承认是一样的：反思我自己的愤怒可以得知，没有什么可以与我的身体分离，或说脱离我的身体。当我想起我对保罗的愤怒，我感觉到愤怒不在心灵或思想中，而完完全全在大吵大嚷的我和安静地坐在那里、面带嘲讽地听我吵嚷的可恶的保罗之间。我的愤怒只不过是一种毁灭保罗的尝试，如果我爱好和平，这种尝试止于语词，如果我颇有教养，这种尝试甚至是谦恭有礼的；但是，即便是君子动口不动手，这种愤怒终究进入我们的公共空间，而不是只在我之中。只有在随后思考了愤怒是什么、注意到它含有一种对他者的某种（负面）评价时，我才总结出：毕竟愤怒是一种思想，处于愤怒就是思考他者是可恶的，这个思想与其它所有思想一样，正如笛卡尔指出，不可能栖于任何物质碎片中。因此它是
属于心灵的。我徒劳地这样反思，一旦转向引发我思考的愤怒** 47
经验本身，就不得不承认，愤怒并不外在于我的身体，不是从外部激怒身体，而是无法解释地与它在一起。

正如所有伟大哲学家一样，笛卡尔也认为整体是存在的。他虽然严格区分了心灵和身体，不过也认为灵魂不像船舶领航员那

* 这句话被删去，在“愤怒萦绕于他，显露于[……]”这句上重新回到文本。

** 录音为：“那种愤怒”。

样仅是身体的领导和统帅[①]，而是非常紧密地与身体联系在一起，以至于在身体中受苦，正如我们牙疼时那样。

只不过对于笛卡尔而言，灵魂和身体的这种统一是无法谈论的，只能通过生命的使用而体验到；他认为无论事实上我们的状况怎样，即使事实上我们经历了——用他自己的术语说是——心灵和身体的真正"混合"，也不能剥夺我们严格区分经验中所统一的
48 东西的权利、坚持身心统一的事实所否认的身心根本分离的权利，以及不考虑人的直接结构而根据反思来对人做出定义的权利：因为思想奇怪地与身体工具相联结，身体的机械性和思想的透明性都不因其混合而受损害。可以说自从笛卡尔以来，即使那些最忠实地追随其教诲的人也在这个问题上不断问自己：我们对于一个既定的人的反思如何摆脱那些从初始处境上似乎就服从的条件[*]。

---

① 笛卡尔：《方法谈》(1637 年)，第五部分，选自 A. T. 版《笛卡尔全集》，如前所引，第 6 卷，第 59 页，1.10－12；选自《笛卡尔著作及书信集》，如前所引，第 166 页："说它[灵魂]住在人的身体里面就像舵手住在船上是不够的，除非是为了使肢体运动，它必须更加紧密地与身体联合，才能在运动以外还具有与我们一样的感情和欲望[……]"；《第一哲学沉思集》(第一版，1641 年)，第六沉思，A. T. 版《笛卡尔全集》，第 7 卷，第 81 页，1.2－3；《形而上学沉思集》(1674 年)，A. T. 版《笛卡尔全集》，第 9 卷，第 64 页；《笛卡尔著作及书信集》，巴黎，如前所引，第 26 页："自然也用疼痛饥渴等感觉告诉我，我不仅住在我的肉体里，像一个舵手住在他的船上，而且除此之外，我和它非常紧密地联结在一起，融合混杂，与它结合成一个整体。"

* 录音时这一段被改为："只不过灵魂和身体的这种统一，即便我们可以经历到，也无法谈论，无论事实上我们的状况怎样，即使事实上我们经历心灵和身体的真正'混合'，也不能剥夺我们严格区分经验中所统一的东西的权利、在原则上坚持身心统一的事实所否认的身心根本分离的权利。笛卡尔的后继者们正是质疑了人们是否能分离事实上和原则上的东西。他们揭露了这种折衷。"在此重新回到文本。

如今的心理学家在描述这种处境时坚持这样的事实[*]：我们首先不是活在对自我的意识中，甚至也不是活在对事物的意识中，而是活在对他人的经验中。我们只是在接触了其他人之后才感觉到自己存在，反思永远是一种向我们自身的回归，而这种回归又很大程度上归功于我们与他人的来往。几个月大的婴儿已经能够很 49
灵巧地分辨他人脸上的友善、愤怒和恐惧，而这时候他还不能通过审察自己的身体来学会这些情感的生理信号。因此他人身体的各种动作姿势，在他看来一下子被赋予了情感意义，因此他学会把心灵当作可见行为一样来认识，就像在他自己心灵深处认识的一样。成人自己[**]在自身生命中发现文化、教育、书籍和传统所教的东西。我们与自身的接触总是通过一种文化、至少通过一种我们从外部接受的语言而进行[***]，语言指引我们认识自己。因而，如果说我们反对环境所加于的观念的长驱直入是一个重要的诉求，那么只能借助语言工具并参与到世界的生命中，才能够真正自由地实现无工具和无历史的纯粹自我和心灵。①

因此人和人性有一种图景不同于我们的图景：人性不是个体的总和，不是思想者的共同体，其中每个孤独的个人都注定与其他人和谐相处，因为他们全部分有相同的思想本质。当然，人性更不 50

---

* 录音为："因此如今的心理学家在描述我们的事实条件时坚持认为[……]"。

** 录音为："也"。

*** 录音时句子的结尾被删去。

① 录音为："如果说我们反对环境所加于的观念的长驱直入是一个重要的诉求，那么只能借助语言工具并参与到世界的生命中，才能够实现无身体、无工具和无历史的纯粹自我和心灵。"

是个体多元性融合并注定被吸收于其中的唯一存在[*]。它在原则上是不同的：每个人都只能相信他内在承认为真的东西，同时每个人都只能在优先指向这种意见的他人关系中思考和作出决定。每个人都是孤单的，没有人能够不需要他人，不仅是为了功利——这里与功利无关——而是为了幸福。不存在使我们摆脱自我负担、免除我们产生意见的多重生命；不存在作为我们与他人关系最初尝试的“内在”生命。我们由于拥有身体、拥有个人和集体的历史而被抛于这种模棱两可的处境，在这种处境中我们不可能得到绝对的安宁，必须不断努力减少分歧，为我们被误解的言语做出解释，展示我们隐藏的东西，去知觉他人。心灵的理性和一致不是在我们背后的，而是在我们面前被推定的，我们既无法确定地达到，也无法拒绝。[**]

我们知道，我们这个物种参与了一种永不终结也不可能终结的任务，这一任务也不必然呼唤即使只是相对的成功，在这种处境
51 中我们同时发现了不安和勇敢的主题。这两者其实是一个东西。因为不安是警觉，是愿意去判断、愿意去了解我们所做的和自行出现的东西。如果没有好的命运，更没有坏的命运，勇敢就是信任自己和他人；由于所有的生理和社会处境差异，有火花出现在他们的行为和关系本身中，使得我们承认这些行为和关系，使得我们需要他们的同意或批评，使得我们拥有共同的命运[***]。简单地说，现代

---

* 录音为：“一个大存在”。

** 录音为：“我们既无法拒绝，也永远无法确定地拥有”。

*** 录音时，这一段从“我们知道，我们这个物种[……]”开始被删去。在这里重新回到文本：“现代人的[……]”。

人的人道主义不再具有前几个世纪那种不容置疑的腔调。我们不要再自诩为纯粹精神共同体,看看我们社会中现实的彼此关系:大部分时候是主奴关系。我们不要用良好意愿来推脱,看看这些意愿一旦离开我们就变成怎样[*]。在我们对自己这个物种打算采用的陌生视角[**]中有一种健康的东西。伏尔泰在《米克罗美加斯》(*Micromégas*)中想象有一个来自与我们习俗不同的其它星球的
巨人,我们的习俗在他这个高于我们的理智面前只显得可笑。我 52
们的时代保留了自我批判,不是从高处进行的辛辣和恶意的批判,而在某种意义上是从低处进行的批判[***]。卡夫卡想象一个人变形为甲壳虫①,以甲壳虫的视角看待家庭。他想象与人类世界相冲突的一只狗的研究②。他描述了一些封闭于积习成俗的甲壳之内的社会。如今莫里斯·布朗肖描述了一个法律严明的城邦③,每个人都密切参与到法律中,以致不再体会到自己的与众不同。从外部看待人,就是批判,就是精神的健康。但这并不是像伏尔泰那

---

* 录音为:"我们不再自诩为纯粹精神共同体,我们清楚看到,每个人(无产者、资本家、法国人、德国人)的良好意愿从外部看来、在其他人看来,有时有一种可怕的形象。"在这里重新回到文本。

** 录音为:"在我们对自己这个物种如此采用的陌生视角"。

*** 录音时,梅洛-庞蒂把这句话替换成:"以前是辛辣和恶意,现代人有更多真正的幽默。他们用来见证人类社会中偶然事物的,不是比我们更高级的理智,而仅仅是另一种理智。"

① 弗兰兹·卡夫卡:《变形记》,法译者 A. Vialatte,巴黎,Gallimard 出版社,1938 年。

② 弗兰兹·卡夫卡:《一只狗的研究》,选自《中国的城墙》,法译者 J. Carrive 和 A. Vialatte,阿维尼翁新城,Seghers 出版社,1944 年;再版,巴黎,Gallimard 出版社,1950 年。

③ 莫里斯·布朗肖:《至高者》,巴黎,Gallimard 出版社,1948 年。

样为了说明一切都是荒谬的，而是像卡夫卡那样说明人类生活总是遭受威胁的，借助幽默促进了人们难得罕有的自我认识和自我定位*。

---

* 录音时，梅洛－庞蒂修改了从“他描述了”到结尾部分，替换为：“最终，他想象出一个单纯的人物，诚心实意，随时自认有罪，与一种陌生的法律、一种不可理解的权力、集体和国家发生了冲撞。对于人的疯狂卡夫卡并不要求米克罗美加斯的智慧。他不相信有米克罗美加斯。他不期待未来有任何米克罗美加斯。他的时代比伏尔泰更少乐观主义，也更少恶意，他借助幽默促进了人们难得罕有的自我认识和自我定位。”

第六章　艺术与知觉世界

53 在之前的谈话里，我们试图恢复被知识和社会生活积淀所遮蔽的知觉世界，我们往往求助于绘画，因为绘画不由分说地让我们重新面对生活世界[*]。在塞尚、胡安·格里斯、布拉克、毕加索那里，我们以不同的方式遇见对象：柠檬、曼陀林、葡萄串、烟草盒，这些东西不是以“熟知”对象的名义从眼皮下溜过，而是相反，它们阻止和询问目光，以奇特的方式告知其隐秘实体、其物质性方式本身，这样一来，它们在我们面前“流血”。于是绘画将我们重新引向对事物本身的看。反过来，一种想重新学会看世界的知觉哲学也为绘画服务，要恢复绘画或一般地说恢复艺术的真正地位、真正尊严，促使我们接受它们的纯粹性。

54 那么关于知觉世界我们已经学会了什么？我们已经了解到，在这个世界上不可能把事物与它们的显现方式分开。诚然，如果我对一张桌子做出词典式的定义：由三条或四条腿支撑的水平平面，我们可以在上面吃饭、写字等等，我可能觉得达到了桌子的本质[**]，我对桌子可能具有的所有偶性——桌腿的形状、线脚的风格等等——并不感兴趣，然而这不是知觉，而是定义。相反，如果我是在知觉一张桌子，我不会对桌子实现其桌子功能的**方式**不感兴

---

* 录音时梅洛-庞蒂删去从“因为绘画”到“生活世界”这一部分。

** 录音为：“我觉得达到了桌子的本质[……]”。

趣，它支撑其桌面的方式每次都是独具一格的，正是它抗衡重力、从桌腿到桌面的独特运动使我兴趣盎然，使每张桌子不同于其它桌子。这里没有什么细节——木头的纤维、桌腿的形状、木头的颜色本身和年代、标志其年代的刻痕或磨损——不是意味深长的，“桌子”的意义只有从体现桌子当下形态的所有“细节”中浮现出来[*]时才让我产生兴趣。然而，如果我进入知觉的学堂，我就觉得自己准备好理解艺术作品了，因为艺术作品也是一种肉身的整体性，其中的意义并非自由的，而是与向我展示这一意义的所有符号及其所有细节相关联并被它们俘获，因此，艺术作品如同知觉事物 55
一样被看见或被听到，任何定义、任何分析，无论事后对这种经验做出的清点有多么细致，都不可能替代我对其[**]直接的知觉经验。

这首先并不是那么明显的。因为通常我们说画代表着事物，肖像画代表画家画的那个人。毕竟，绘画难道不是像车站里的指示箭头那样、唯有的功能是指引我们到出口或到站台吗？又或者难道不是像精确的照片，保留了对象的全部本质，以供我们在对象不在场时研究它？如果是这样，绘画的目的就是障眼法，它的意义完全在画外、在它所指示的事物之中[***]，在**主题**中。然而所有有价值的画恰是在违背这一观念的情况下被构造出来的，画家们也有意识地与这一观念斗争了至少百年。根据若阿基姆·加斯凯的记载，塞尚说过，画家抓住自然的碎片，“并使之绝对地变成绘画”[①]。

---

* 录音为：“从体现桌子的所有‘细节’中浮现出来”。

** 录音为：“我受其”。

*** 录音为：“在它所描绘的事物之中”。

① 若阿基姆·加斯凯：《塞尚》，巴黎，Bernheim-Jeune 出版社，1926 年；再版于格勒诺布尔，Cynara 出版社，1988 年；参见第 71，130－131 页。

三十年前布拉克更清楚地写道：绘画不追求“重构一个寻常事实”，
而是追求“构造一个绘画事实”。[1] 因此绘画不该是对世界的模
56 仿，而是一个自为的世界。这就是说，对画的体验并不诉诸于自然
事物，肖像画的美学体验也不诉诸于与模特的“相似性”[*]（订做肖
像画的人往往要求画得像他们，但这更多是出于虚荣而非对绘画
的热爱）。既然如此，为何画家不创造出各种富有想象力的不存在
对象，像他们偶尔为之的那样？这就说来话长。[**] 我们只要注意
到，即使画家在处理现实对象的时候，他们的目的也从不是使人想
起对象本身，而是在画布上创造出自足的景象。通常人们认为画
的主题和画家手法之间有区别，这是不合理的，因为对美学体验而
言[***]，主题正是在于画家在画布上构造出葡萄、烟斗或烟草盒的手
法。这是不是在说，艺术中只有形式是重要的，而我们所说的并不
重要？绝非如此。形式和内容、我们所说的和我们说出的方式不
可能各自单独存在。显而易见的是：我能根据功能充分地想象一
个从未见过的对象或工具，至少是它的普遍特征；但是最好的分析
57 也无法让我猜想到一幅从未见过的画。因此面对一幅画，问题不
在于对主题和历史背景进行多番考证——如果这幅画在创作之初
有这么一种历史背景的话，而在于像感知事物本身那样去思考、感

---

① 乔治·布拉克：《1917 - 1947 年笔记》，巴黎，Maeght-éditeur 出版社，1948 年，第 22 页（ed. augm. 1994 年，第 30 页）：“画家不是试图重构一个轶闻趣事，而是试图构造一个图画事实。”

* 录音为：“与实在模特的‘相似性’”。

** 录音时，梅洛 - 庞蒂删去这句，在“即使画家在处理[……]”这句上重新回到文本。

*** 录音为：“对于艺术家而言”。

知这幅画，根据沉积在画布上的绘画痕迹所给予的各种沉默指引，直至画的所有部分无需言辞、无需推理，形成了一种严格的组织，尽管我们无法对之作出解释，却也感觉到没有什么东西是任意的。

尽管电影业尚未生产出许多接连成为艺术的作品，尽管对明星的迷恋、对镜头变换或剧情曲折的刺激效果的追求、对摄影之美或心灵对话的关注是电影的多余尝试，使它有可能沉湎其中或被胜利冲昏头脑，以致忽略了电影自身固有的表达方式。尽管所有这些情况使我们至今尚未看到不折不扣的电影，我们还是可以隐约感觉到这种作品可能是怎样的，我们会看到，电影就像艺术作品，应该也是某种我们所知觉的东西。因为最终得以构成电影之美的既不是故事本身，尽管它可以被讲述得很好，更不是它可能传达的观念，也不是导演那些标志性的口头禅、癖好和手法——这些东西与作家的偏好用语一样不具有决定性作用。重要的是对所上 58
演片段的选择、对每个片段里诸视角的选择、对诸要素分配的时长、呈现顺序的选择、伴音或话语的取舍*，所有这些构成了某种整体的电影节奏。如果我们的电影制作经验更多些，就有可能设计出一种电影逻辑，甚至是电影语法和风格学，它们能根据已有作品的经验向我们指出每个要素在典型的整体结构中的涵义，以便毫无违和地把要素加进去。然而，正如艺术领域的所有规则一样，这些规则只是用来阐明一些成功作品中的既存关系，并借此启发出一些还不错的作品。创作者们永远总是不得不在毫无指引的情况下去发现一些新的整体。观众永远会在一部好的作品中体会到

---

* 录音为："定夺"。

时间发展的统一性和必要性，而无需清晰地意识到它。作品的精神永远不是留下一堆秘方，而是一种光彩夺目的印象、一种节奏。电影体验永远就是知觉。

音乐为我们提供了一个很简单的例子。显然，无法想象艺术
59 会诉诸其它不同于自身的东西。标题音乐则例外，它为我们描述了一场风暴甚至是一种忧伤。这里我们无疑是面对一种不言说的艺术。然而音乐远远不仅是声音感觉的集合：通过声音我们看到一个句子的出现，从句子到句子，乃至出现整体，最终，如普鲁斯特所说，出现了一个世界，这个世界处于可能的音乐领域中，德彪西的领地或巴赫的王国。什么都不用做，只是听着，无需回到我们自身、我们的记忆和情感，更不用说创作者，正如知觉看着事物本身却并不将之与梦境相混淆。

最后，我们可以谈一谈文学中类似的东西，尽管由于文学使用的语词也用于指示自然事物，从而使这种类似常有疑义。早先马拉美[①]区分了语言的诗性使用和日常闲谈。闲谈者命名事物只是为了简要地指示它们，为了指出“与什么有关”。诗人则相反，马拉美说，诗人用为我们描述了事物的本质结构、并因此迫使我们进入事物的一种表达[*]，来代替事物“众所周知”的公共指称。诗性地谈论世界，在日常语言的意义上说就是几近沉默。我们知道马拉
60 美写的很少，但是在他留给我们的少量作品中，我们至少发现了关

① 斯特凡·马拉美，在其著作中到处可见（参见其诗集），例如，《答询问》（朱尔·于雷的询问，1891年），《全集》，巴黎，Gallimard出版社，七星丛书，1945年。

* 录音为：“为我们描述了事物的本质结构却不让我们得知其名、并因此迫使我们进入事物的一种表达”。

于诗的最纯粹的理解：诗完全由语言承载，并不直接指涉世界本身或非诗性的真理和理性，因而是一种言语的创造，不能完全表现为观念；因为诗正如后来亨利·布雷蒙[1]和瓦莱里[2]所说，并非首先是观念的或具有意指的意义，所以马拉美和后来的瓦莱里[3]拒绝对关于他们诗歌的非诗性评论表示同意或反对：在诗歌和知觉事物*中我们都不能将内容和形式分开、将被表现的东西和表现方式分开。如今的作家莫里斯·布朗肖等寻思是否该将马拉美关于诗的看法延伸到小说和一般文学中[4]，认为成功的小说不是一堆观念或论题，而是以感觉事物的方式存在。这种事物是运动中的， 61
要在时间发展中去知觉它，要符合它的节奏；它在记忆中留下的不是观念的整体，而是这些观念的象征和印记。

如果这些评论是对的，如果我们已说明了艺术作品是被知觉

① 亨利·布雷蒙：《纯粹诗歌》（五学院公开课讲演，1925年10月24日），巴黎，Grasset出版社，1926年。

② 保尔·瓦莱里，在其著作中到处可见，例如，“前言”（1920），《多样性》，巴黎，Gallimard出版社，1924年；“我有时对斯特凡·马拉美说……”（1931年），《多样性III》，巴黎，Gallimard出版社，1936年；“对马拉美的最后访问”（1923年），《多样性II》，巴黎，Gallimard出版社，1930年；“关于诗歌的言论”（1927年），“诗歌与抽象思维”（1939年），《多样性V》，巴黎，Gallimard出版社，1944年。参见弗雷德里克·勒菲弗：《与保尔·瓦莱里的谈话》，亨利·布雷蒙作序，巴黎，Le Livre出版社，1926年。

③ 保尔·瓦莱里，在其著作中到处可见（文学研究，序言，理论著作，讲课），例如，“诗歌问题”（1935年），“关于海墓”（1933年）和“魅力的评论”（1929年），《多样性III》，巴黎，Gallimard出版社，1936年；“关于诗歌的言论”（1927年），“人与外壳”（1937年）和“法兰西学院诗歌课程开幕词”（1937年），《多样性V》，巴黎，Gallimard出版社，1944年。

* 录音为：“一个知觉事物”。

④ 莫里斯·布朗肖：《失足》，巴黎，Gallimard出版社，1943年；尤其是“文学如何可能？”（第一版，巴黎，José Corti出版社，1942年）和“马拉美的诗歌是模糊的吗？”

的*，知觉哲学就能免于遭受误解和反对。知觉世界不仅是自然事物的整体，也是绘画、音乐、书，德国人所谓的整个“文化世界”。深入到知觉世界中，远没有使我们的视野变窄，远不是把自己局限在卵石或水，而是重新找到思考艺术作品、语词作品和文化作品的自主性和原初丰富性的方式。

* 录音为：“如果确实艺术作品是被知觉的”。

第七章　古典世界与现代世界

63 最后这一次谈话，我们来欣赏现代思想的发展，在先前几次谈话中我们多少已经有所描述。画家、作家、某些哲学家和现代物理学缔造者向知觉世界的回归与古典科学、艺术和哲学的抱负相比，难道不会被看作是一种衰落的迹象？一方面，我们确信有一种思想，毫不犹豫地献身于关于自然的完整知识，消除关于人的知识的全部神秘性。另一方面，我们现代人并不拥有原则上向着知识和行动敞开的理性世界，而是有一种充满保留和限制的艰深知识和艺术，一种并不排除裂隙和空白的世界表象，一种怀疑自身并无论如何也不自诩为得到所有人认可的行动……

必须承认，现代人（请原谅我这类表达中的含混，以下同理）既
64 没有教条主义，也没有古典思想对艺术、知识和行动的确信。现代思想有一种未完成的和含混的双重性，让人以为是衰退和没落。笛卡尔相信能够一劳永逸地从上帝的属性中推演出物体的撞击定律，而我们认为所有科学成果都是暂时和近似的[①]。博物馆里充塞着那些似乎多加一笔都是画蛇添足的作品，而我们的画家献给公众的作品有时似乎只是一些草图。这些作品本身就惹人非议，争论不休，因为其意义不是一锤定音的。有多少著作讨论兰波在

① 笛卡尔：《哲学原理》（1647 年），第二部分，第 36－42 条，A. T. 版全集，如前所引，第 9 卷，第 83－87 页；《著作和通信集》，如前所引，第 632－637 页。

献给当代人的唯一一本书出版之后的沉寂，而拉辛在《费德尔》出版后的沉寂相反就似乎没什么问题。似乎今天的艺术家充满了谜团和灵感。普鲁斯特在许多方面都与古典艺术同样清晰，即便如此，他为我们描述的世界无论如何也不是完结的和单义的。在《安德罗玛克》中，我们知道埃尔米奥娜爱皮洛士，当她派奥雷斯特去杀他，没有观众不能理解这种爱者宁可失去所爱者、也不要把他留给另一个人的爱恨交织的含混性。这种含混性并非基本的含混性：显而易见，如果皮洛士背弃的是安德罗玛克，投向的是埃尔米 65
奥娜的怀抱，埃尔米奥娜就会甜蜜至极。反过来说，谁知道普鲁斯特书里的叙述者是否真的喜欢阿尔贝蒂娜？[1] 他注意到他只是当她不在身旁时才渴望伴其左右，所以得出结论自己不喜欢她。但当她不见了，得知她的死讯，她显然是不可逆转的不在身旁了，他想他需要她，他爱她。[2] 但读者免不了会想：如果阿尔贝蒂娜又回到他身旁，例如他有几次梦见她，普鲁斯特的叙述者会不会还爱她？是不是说爱情是嫉妒的需要，或者从未有爱，就只有嫉妒和感到被排除？* 这些问题并非来自一种细致的注解**，而是普鲁斯特自己提出的，这些对他而言构成了所谓的爱情。现代的人心是一种断续的心，它甚至无法认识自己。对现代人而言不仅作品是未

---

① 马塞尔·普鲁斯特：《追忆逝水年华》，第5卷："女囚徒"，巴黎，Gallimard出版社，1923年。

② 马塞尔·普鲁斯特：《追忆逝水年华》，第6卷："消失的阿尔贝蒂娜"，巴黎，Gallimard出版社，1925年。

* 录音为："是不是说爱情是嫉妒的需要，或者爱情不存在，就只有嫉妒和感到被排除"。

** 录音为："这些问题和质疑并非来自一种过于细致的注解[……]"。

完结的，作品所表达的世界本身就像一部没有结论的作品，我们也不知道是否会有一个结论。一旦涉及的不仅是自然而且是人时，
66 在基于事物复杂性的认识未完成性之上，又增加了一种固有的未完成性：十年前有位哲学家举例说，我们无法想象完全客观的历史知识，因为阐释和比较过去，依赖于历史学家出于自己的考虑而做出的道德和政治选择。人类的存在封闭于自己的圈子，永远无法抽离自身以通达无遮蔽的真理，只有客观化的推进而没有完全的客观性[*]。

如果离开认知领域考察生活和行动领域，我们会发现现代人与之斗争的含混性可能更加惊人。我们的政治词汇中不再有一个词可以用来指示最具差异甚至是最为对立的现实。自由、社会主义、民主、重构、复兴、工会自由[**]，这些词每一个至少有一次被某一现有大党所声明[***]。这不是由于他们领袖的狡猾：是事物本身的狡猾；确实，在某种意义上，美国对社会主义没有任何同情心，如果社会主义意味着所有权关系的彻底转变，它在美国的阴影下毫
67 无机会获得建立，相反在某些条件下可能得到苏维埃方面的支持。然而，苏联的经济和社会体制及其备受指责的社会分化和劳动力集中营，自身不是、也不可能自然变成所谓的社会主义体制，这也是确实的。最后，一种不在法国的疆界之外寻求依靠的社会主义[****]也许既是不可能的，甚至也不具有人性意义。我们确实处于

---

* 录音时梅洛－庞蒂没有读出这最后一句。

** 录音为："工会团结"。

*** 录音为："这些词每一个至少有一次被截然不同的党派所声明"。

**** 录音为："一种不向民族疆界之外扩张的社会主义"。

黑格尔所谓的外交处境中，即词语意谓着（至少）两种事物或者事物不只被唯一的词语所命名的处境。

然而确切地说，如果含混性和未完成性被铭写于我们集体生活的结构本身中，而不仅铭写于知识分子的著作中，那么希望以理性的复兴——在1815年政体意义下的复兴——来回应这个问题是可笑的。我们能够而且应当分析我们时代的含混性，并穿越这种含混性，尝试去探索一条可以在意识和真理中坚持的道路。但是我们知道得太多，以致无法纯粹和简单地恢复父辈的理性主义。例如，我们知道不应该相信那些口头上的自由政体[*]，它们可能把平等和博爱当作格言，却没有付诸行动；崇高的意识形态有时只是 68
它们的借口。此外我们知道，为了实现平等而把生产工具所有权让渡给国家是不够的。我们对社会主义和自由主义的考察都不是无保留和无限制的，只要事物的运行和人的意识还没有可能超越这两种含混的体系[**]，我们就还停留在不稳定的状态。自上斩断，从中择一，借口理性绝对会看得清楚，这就说明了人们更关心的不是作用着活动着的理性，而是在不容置疑的神情下隐藏了其困惑的理性幽灵。像于连·邦达那样热爱理性——当知识总是更好地揭示时间的现实时想要[***]永恒，当事物本身是含混时想要最清晰的概念[****]，这是浪漫主义最狡猾的形式，这是宁可要理性这个词

---

[*] 录音时梅洛-庞蒂没有说“自由政体”，而是说“自由主义”，因此下面的句子以单数配合（“它可能”，“付诸行动”）。

[**] 录音为：“事物的运行和人的意识还没有可能产生不同于这两种含混体系的东西”。

[***] 录音为：“要求”。

[****] 录音为：“要求清晰的观念”。

而不要理性的实践。复兴从来都不是重建，而是掩盖。

更有甚者，我们有理由问自己，是否人们常给予我们的关于古典世界的图景只不过是一个传说，是否古典世界也经历过我们所经历的未完成性和含混性，是否古典世界满足于否认它们的正式
69 存在，是否我们文化的不确定性远非没落的、而是关于永真之物的敏锐和毫不含糊的意识、是获得而非衰退。当人们谈论经典作品，把它当作已完成的作品时，我们应当记得达芬奇和其他许多艺术家留下了一些未完成的作品；巴尔扎克认为一部作品的成熟巅峰是无法定义的[*]，他承认，严格说来写作总是可以继续进行的，写作被打断只是为了给作品留下某种清晰度；塞尚认为他的整个绘画生涯是向着他所追求之物的接近过程，但他却不只一次给我们以完成了的或完美的感觉。也许是出于一种回溯的幻觉——因为作品离我们太远，与我们差别太大，以至于我们不能够修改它和继续画它——我们才觉得某些绘画有一种不可逾越的完满性[**]：作画的画家们只会在画里看到尝试或失败。我们刚才说到政局的含混性，就好像所有过去的政局在其当时没有可与我们时代相比的矛盾和疑难——例如法国大革命，甚至是“古典”阶段直至列宁去世前的俄国大革命。如果是这样，“现代”意识揭示的就不是现代
70 的真理，而是所有时代的真理，只是在如今更为明显，也更为重要。这种更伟大的洞察力、对争议更完整的体验并不是人类的退化[***]：

---

* 录音为：“无法识别的”。

** 录音为：“我们才觉得某些绘画有一种确定的样子”。

*** 录音为：“这种更伟大的洞察力、对现代人的争议更完整的体验并不是人类的退化[……]”。

事实上是，人类并非像长期以来那样在岛屿和海岬生存，而是天涯海角都免不了面对自身，借助文化或书籍与整个自己对话……当前世风日下，但人们不能通过复兴古典时代的狭隘人性来治疗。实情是，我们的问题是在我们时代*、通过我们自身的经验做古典时代的人们已经在他们时代做过的事，正如塞尚的问题，用他自己的话说是“把印象派做成像博物馆里的艺术作品那样坚实的东西”①。

---

* 录音为：“实情很可能是，我们的问题是在我们时代[……]。”

① 若阿基姆·加斯凯：《塞尚》，如前所引，第148页。确切的引文是：“把印象派作成像博物馆里的艺术作品那样坚实持久的东西”。

文　献

BACHELARD Gaston

La Psychanalyse du feu, Paris, Gallimard, 1938; rééd. Coll. «Folio essais», 1985;

Lautréamont, Paris, José Corti, 1939; rééd. 1986;

L'Eau et les Rêves, Paris, José Corti, 1942; rééd. LGF, coll. «Le Livre de poche», 1993;

L'Air et les Songes, Paris, José Corti, 1943; rééd. LGF, coll. «Le Livre de poche», 1992;

La Terre et les Rêveries de la volonté, Paris, José Corti, 1948;

La Terre et les Rêveries du repos, Paris, José Corti, 1948; rééd. 1992.

BENDA Julien

La France byzantine ou le Triomphe de la littérature pure, Mallarmé, Gide, Proust, Valéry, Alain, Giraudoux, Suarès, les surréalistes: essai d'une psychologie originelle du littérateur, Paris, Gallimard, 1945; rééd. Paris, UGE, coll «10/18», 1970.

BERNARD Émile

Souvenirs sur Paul Cézanne et lettres, Paris, A la rénovation esthétique, 3e éd., 1921.

BLANCHOT Maurice

Faux pas, Paris, Gallimard, 1943, éd. renouvelée 1971; rééd. 1975;

Le Très-Haut, Paris, Gallimard, 1948; éd. renouvelée 1975; rééd. 1988.

BRAQUE Georges

Cahier (1917－1947), Paris, Maeght éditeur, 1948; *Cahier* (1917－1955), éd. augm. 1994.

BREMOND Henri

La Poésie pure, Paris, Grasset, 1926.

Prière et Poésie, Paris, Grasset, 1926.

Racine et Valéry, Paris, Grasset, 1930.

BRETON André

L'Amour fou, Paris, Gallimard, 1937; rééd. 1975.

CLAUDEL Paul

Connaissance de l'Est (1895－1900), Paris, Mercure de France, 1907, rééd. Paris, Gallimard, coll. «Poésie», 1974;

«Interroge les animaux», *Figaro littéraire*, n°129, 3e année, 9 octobre 1948, p. 1; repris dans «Quelques planches du Bestiaire spirituel», in *Figures et paraboles*, in *Œuvres en prose*, Paris, Gallimard, coll. «La Pléiade», 1965.

DESCARTES

Œuvres, éd. C. Adam et P. Tannery, Paris, Cerf, 11 vol., 1897－1913; rééd. Paris, Vrin, 1996; *Œuvres et lettres*, éd. A. Bridoux, Paris, Gallimard, coll. «La Pléiade», 1937; rééd. 1953.

FREUD Sigmund

Cinq Psychanalyses, «Analyse d'une phobie chez un petit garçon de 5 ans», trad. Fr. M. Bonaparte, *Revue française de psychanalyse*, t. 2, fasc. 3,

1928; rééd. Paris, PUF, 1975.

GASQUET Joachim

Cézanne, Paris, Bernheim-Jeune, 1926; rééd. Grenoble, Cynara, 1988.

KAFKA Franz

La Métamorphose (1912), trad. fr. A. Vialatte, Paris, Gallimard, 1938; rééd. 1972;

Recherches d'un chien (1923 - 1924?), in *La Muraille de Chine*, trad. fr. J. Carrive et A. Vialatte, Villeneuve-lès-Avignon, Seghers, 1944; rééd. Paris, Gallimard, 1950; trad. fr. M. de Launay, Paris, Findakly, 1999.

KÖHLER Wolfgang

L'Intelligence des singes supérieurs, Paris, Alcan, 1927.

LEFEVRE Frédéric

Entretiens avec Paul Valéry, préface d'Henri Bremond, Paris, Le Livre, 1926.

MALEBRANCHE

De la recherche de la vérité (1674 - 1675), éd. G. Lewis, Paris, Vrin, t. 1, 1945; in *Œuvres complètes*, éd. G. Rodis-Lewis et G. Malbreil, Paris, Gallimard, coll. « La Pléiade», t. 1, 1979.

MALLARME Stéphane

Œuvres complètes, 1 vol., éd. H. Mondor et G. Jean-Aubry, Paris, Gallimard, coll. «La Pléiade», 1945; rééd. 2 vol., éd. B. Marchal, Paris, Gallimard, coll. « La Pléiade», 1er vol. 1998.

MICHOTTE Albert

La Perception de la causalité, Louvain, éd. ISP, 1947; rééd. Louvain-Bruxelles-Amsterdam, Presses universitaires de Louvain - Ed. «Erasme» - Ed. «Standaard-Boekhandel», 1954.

PAULHAN Jean

«La Peinture moderne ou l'espace sensible au cœur», *La Table ronde*, n°2, février 1948, p. 267 - 280; remanié pour *La Peinture cubiste*, 1953, rééd. Paris, Gallimard, coll. «Folio essais», 1990.

PONGE Francis

Le Parti pris des choses, Paris, Gallimard, 1942; rééd. coll. «Poésie», 1967.

PROUST Marcel

A la recherche du temps perdu, t. 6 : *La Prisonnière*, Paris, Gallimard, 1923, rééd. coll. «La Pléiade», vol. 3, 1988; t. 7: *Albertine disparue*, Paris, Gallimard, 1925; rééd. coll. «La Pléiade», vol. 4, 1989.

RACINE

Phèdre (1677);

Andromaque (1682).

SARTRE Jean-Paul

L'Etre et le Néant, Paris, Gallimard, 1943; rééd. coll. «Tel», 1976;

L'Homme et les choses, Paris, Seghers, 1947; repris dans *Situations*, I, Paris, Gallimard, 1948, rééd. 1992.

VALERY Paul

Variété (1924), *Variété II* (1930), *Variété III* (1936) et *Variété V* (1944), in *Œuvres*, éd. J. Hytier, Paris, Gallimard, coll. «La Pléiade», vol. 1, 1957.

VOLTAIRE

Micromégas (1752).

Essai sur l'histoire générale et sur les mœurs et l'esprit des nations, depuis Charlemagne jusqu'à nos jours (1753, éd. augm. 1761 - 1763).

索　　引

（以下数字为原书页码，即本书的边码）

图书在版编目(CIP)数据

1948年谈话录/(法)梅洛-庞蒂著;郑天喆译.—北京:商务印书馆,2020(2021.9重印)
(当代法国思想文化译丛)
ISBN 978-7-100-18908-8

Ⅰ.①1… Ⅱ.①梅… ②郑… Ⅲ.①梅劳·庞蒂(Merleau·Ponty 1908-1961)—访问记 Ⅳ.①B565.59

中国版本图书馆CIP数据核字(2020)第146873号

当代法国思想文化译丛
1948年谈话录
〔法〕梅洛-庞蒂 著
郑天喆 译

商务印书馆出版
(北京王府井大街36号 邮政编码100710)
商务印书馆发行
北京艺辉伊航图文有限公司印刷
ISBN 978-7-100-18908-8

2020年10月第1版 开本880×1230 1/32
2021年9月北京第2次印刷 印张2

定价:20.00元